BOUDDHISM

LES MOUTONS

BOUDDHISME POUR LES MOUTONS

Illustrations de Chris Riddell

texte de Louise Howard

Claire Lumière

Les éditions Claire Lumière publient de nombreux ouvrages consacrés au bouddhisme.

Si vous souhaitez recevoir gratuitement notre CATALOGUE et être tenu au courant de nos publications, il suffit de nous faire parvenir votre nom et votre adresse à l'adresse suivante :

Editions Claire Lumière

5 av. Camille Pelletan

13760 Saint-Cannat

Titre original *Buddhism for Sheep*
publié en 1996 par **Ebury Pres**s - 20 Vauxhall Bridge Road, London SW1V 2SA
© pour le texte : Louise Howard, 1996
© pour les illustrations : Chris Riddell, 1996

© pour l'édition française :
2001   éditions Claire Lumière
5 av. Camille Pelletan
13760 Saint-Cannat — France

traduit de l'anglais par Virgile Lasfodel

ISBN 2-905998-55-5

par Achevé d'imprimer
en janvier 2003
IMPRIMERIE LIENHART
à Aubenas d'Ardèche

Dépôt légal janvier 2003
N° d'imprimeur : 5782
Printed in France

VIVRE

Il y a deux manières de regarder: la bonne...

... et la mauvaise.

Ne néglige pas les besoins de ton corps.

Chaque seconde de la vie est un miracle.

La vie est un perpétuel changement.

Vis dans le présent …

... et non dans le futur.

L'enclos qui pue et la rose qui embaume
sont deux aspects de la même réalité.

Ne pense pas que tes biens n'appartiennent qu'à toi.

Respecte les êtres vivants ...

... et les objets inanimés.

Prends conscience de l'impureté de ton corps.

Aie le plus grand soin de tout ce qui t'est confié.

Mieux vaut voyager seul plutôt qu'avec un inconscient.

Prends le temps de t'arrêter pour écouter.

Une bonne posture est essentielle pour la méditation.

Cherche le chemin de la libération ;
la libération ultime se cache au-delà de l'horizon du quotidien.

DU BON SENS!

Ne répands pas de nouvelles dont tu n'es pas certain.

N'amasse pas des biens pour le seul plaisir de posséder.

Le malheur n'est pas loin du bonheur.

Une amourette peut suffire à te détourner du chemin.

Le démon des désirs de ce monde est toujours à l'affût
et cherche à te tromper.

Quand on est stupide, on ne s'aperçoit pas de ses erreurs.

Un peu de bon sens tempérera un excès de confiance.

AGNEAU
JECKYLL
&
BÉÉ-BÉÉ
HYDE

ANTI
PARASITE
EXTRA
FORT

Une erreur d'appréciation peut faire de toi un démon.

La colère est mauvaise conseillère.

Rappelle-toi qu'il est facile de dénoncer les erreurs des autres,
mais difficile d'admettre les siennes.

Ce n'est pas par la haine qu'on triomphe de la haine.

Méfie-toi des prétendus amis ;
ils sont plus à craindre que les bêtes féroces.

N'accorde pas toute ta confiance
à ce que d'autres sont censés faire.

ÉVEIL

Ne te laisse pas aller à la paresse quand le devoir t'attend.

Réfléchis avant d'avancer.

Ne perds pas de vue ton objectif.

La pratique de la méditation est le chemin qui conduit
à l'expérience de la réalité ultime.

Si tu contrôles la situation, les circonstances
ne te conduiront pas là où tu ne veux pas aller.

Persévère, même en cas d'échecs répétés.

Un peu de distance par rapport au monde environnant
procure une profonde sérénité.

Ne laisse pas le trouble envahir ton esprit …

... même dans les circonstances les plus difficiles.

Forme ton esprit ; tout est là.

Si l'on ne suit pas le chemin authentique de l'Eveil,
on peut se faire de graves illusions.

Relève le défi d'une
plus haute destinée.

Ne te fie qu'à toi ; ne dépends pas des autres.

RÉALITÉ

On ne peut échapper à son karma.

Le physique se dégrade, l'esprit gagne en sérénité.

Comprends que la vie n'est qu'un passage.

D'un regard pénétrant, contemple la réalité.

Tu aurais tort de penser que tu as le temps.

La vie n'est que peine et souffrance.

L'action juste et le karma positif conduisent
à renaître dans le bonheur …